COLLECTION FOLIO

Un peu de la France

Sempé

Un peu de la France

Gallimard

Jean-Jacques Sempé est né à Bordeaux le 17 août 1932. Élève très indiscipliné, il est renvoyé de son collège et commence à travailler à dix-sept ans. Après avoir été l'assistant malchanceux d'un courtier en vins et s'être engagé dans l'armée, il se lance à dix-neuf ans dans le dessin humoristique. Ses débuts sont difficiles, mais Sempé travaille comme un forcené. Il collabore à de nombreux magazines : *Paris Match, L'Express…*

En 1959, il crée la série des *Petit Nicolas* avec son ami René Goscinny. Il a publié une quarantaine d'albums parus aux Éditions Denoël. En 2009 paraît *Sempé à New York*, recueil d'une centaine de couvertures du *New Yorker,* dont Sempé a été collaborateur dès 1978.

Dans la collection Folio Junior, il est l'auteur de *Marcellin Caillou* (1997) et de *Raoul Taburin* (1998) ; il a également illustré *Catherine Certitude*, de Patrick Modiano (1988), et *L'histoire de Monsieur Sommer*, de Patrick Süskind (1991).

Jean-Jacques Sempé est décédé le 11 août 2022, à l'âge de 89 ans.

APERITIF
BYRRH

CHAMBRES
D'HÔTES

1380

ETS POULIQUIN
D'AFFICHER
CGT

Château Grand Caillot 1912

GIGI

LE VENTOUX

CHEZ MARION

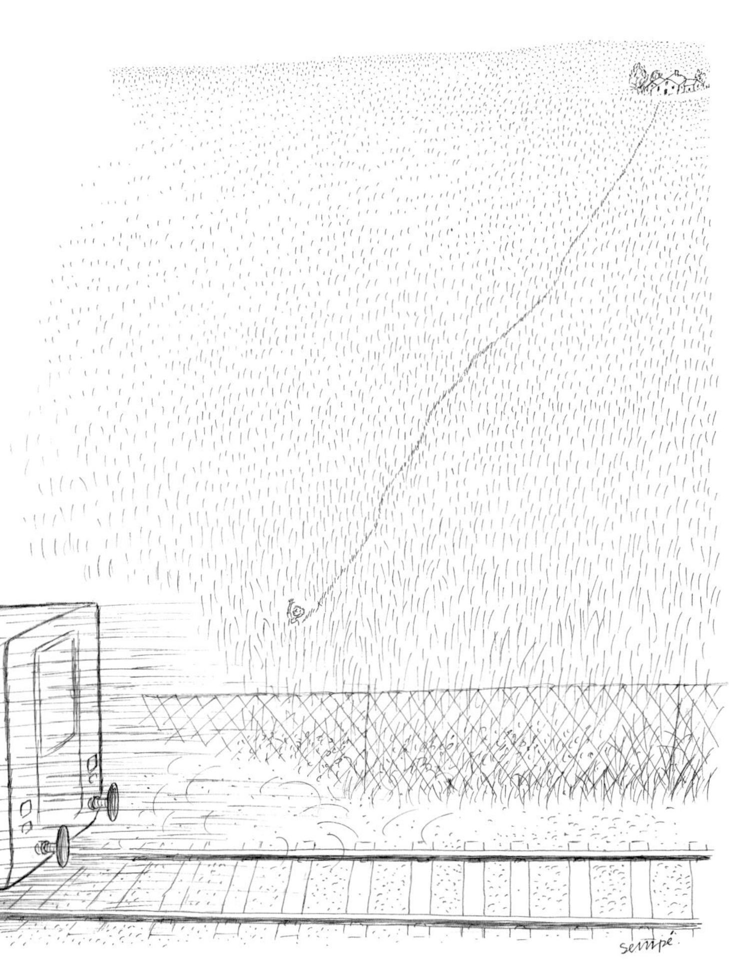
Sempé

BYRRH
GARAGE
P. POUGNAC

BOUCHERIE J.POLIN

PLEIN SUD
sempé.

HOTEL BEAUSÉJOU

DIMANCHE 21 A 15 h
A.S. CASTELON
CONTRE
A.S. MONFORTIN
BILLETS

PATISSERIE

CARMEN
15h

sempé.

UNIVERSITE D'ETE DU PARTI
CONCERTATION
SECTION RHONE ALPES

LA SEMAINE FOLLE
TOP
TOP
NEW
- 10%
CONFORA
SUPER PLUS
GEANT
- 5%
LA SEMAINE FOLLE
BRICOLO
P
LIVE

CHAMPAGNE

SKI
ECOLE
JULES FERRY

séduite
Séduisante

MAIRIE
LIBERTE EGALITE FRATERNITE
NON

sempé.

Madame
BOVARY

DU MÊME AUTEUR

Aux Éditions Denoël

RIEN N'EST SIMPLE, 1962, 2005 (Folio nº 873)

TOUT SE COMPLIQUE, 1963, 1999 (Folio nº 867)

SAUVE QUI PEUT, 1964 (Folio nº 81)

MONSIEUR LAMBERT, 1965, 2006 (Folio nº 2200)

LA GRANDE PANIQUE, 1966, 1994 (Folio nº 82)

SAINT-TROPEZ, 1968 (Folio nº 706)

INFORMATION-CONSOMMATION, 1968

MARCELLIN CAILLOU, 1969, 1994 (Folio nº 3592)

DES HAUTS ET DES BAS, 1970, 2003 (Folio nº 1971)

FACE À FACE, 1972, 2010 (Folio nº 2055)

BONJOUR, BONSOIR, 1974

L'ASCENSION SOCIALE DE MONSIEUR LAMBERT, 1975, 2006

SIMPLE QUESTION D'ÉQUILIBRE, 1977, 1992 (Folio nº 3123)

UN LÉGER DÉCALAGE, 1977 (Folio nº 1993)

LES MUSICIENS, 1979, 1996 (Folio nº 3306)

COMME PAR HASARD, 1981 (Folio nº 2088)

DE BON MATIN, 1983 (Folio nº 2135)

VAGUEMENT COMPÉTITIF, 1985 (Folio nº 2275)

LUXE, CALME ET VOLUPTÉ, 1987, 2001 (Folio nº 2535)

PAR AVION, 1989, 2008 (Folio nº 2370)

VACANCES, 1990

ÂMES SŒURS, 1991 (Folio nº 2735)

INSONDABLES MYSTÈRES, 1993 (Folio nº 2850)

RAOUL TABURIN, 1995, 2019 (Folio nº 3305)

GRANDS RÊVES, 1997

BEAU TEMPS, 1999

LE MONDE DE SEMPÉ, tome 1, 2002

MULTIPLES INTENTIONS, 2003 (Folio nº 5115)

LE MONDE DE SEMPÉ, tome 2, 2004

SENTIMENTS DISTINGUÉS, 2007

MONSIEUR LAMBERT suivi de L'ASCENSION DE MONSIEUR LAMBERT, 2006

QUELQUES ENFANTS, 2021

QUELQUES PHILOSOPHES, 2021

QUELQUES OPTIMISTES, 2021

QUELQUES AMIS, 2021

SEMPÉ EN AMÉRIQUE, 2022

SEMPÉ À NEW YORK, 2022

Aux Éditions Denoël / Éditions Martine Gossieaux

SEMPÉ À NEW YORK, 2009

ENFANCES, entretien avec Marc Lecarpentier, 2011

BOURRASQUES ET ACCALMIES, 2013

SINCÈRES AMITIÉS, 2015

MUSIQUES, 2017

GARDER LE CAP, 2020 (Folio n° 7157)

Aux Éditions Gallimard

CATHERINE CERTITUDE, texte de Patrick Modiano, 1988 (Folio n° 4298)

L'HISTOIRE DE MONSIEUR SOMMER, texte de Patrick Süskind, 1991 (Folio n° 4297)

UN PEU DE PARIS, 2001 (Folio n° 5969)

UN PEU DE LA FRANCE, 2005 (Folio n° 7303)

LE GRAND LIVRE DU PETIT NICOLAS, 2020

Aux Éditions Martine Gossieaux

PORTRAITS DE MES AMIS, texte de Philippe Caubet, 2006

SAINT-TROPEZ FOREVER, 2010

UN PEU DE PARIS ET D'AILLEURS, 2011

LA MALADIE DU PAPIER, texte d'Eero Tolvanen, 2014

AVEC RENÉ GOSCINNY

Aux Éditions IMAV

LES PREMIÈRES HISTOIRES DU PETIT NICOLAS, repris en partie dans LE PETIT NICOLAS (Folio nº 423), LES RÉCRÉS DU PETIT NICOLAS (Folio nº 2665), LES VACANCES DU PETIT NICOLAS (Folio nº 2664), LE PETIT NICOLAS ET LES COPAINS (Folio nº 2663) et LE PETIT NICOLAS A DES ENNUIS (Folio nº 2666)

HISTOIRES INÉDITES DU PETIT NICOLAS, volume 1, 2004, repris en partie dans LES BÊTISES DU PETIT NICOLAS (Folio nº 5058), LE PETIT NICOLAS VOYAGE (Folio nº 5116), LE PETIT NICOLAS ET SES VOISINS (Folio nº 5228), LA RENTRÉE DU PETIT NICOLAS (Folio nº 5282) et LES SURPRISES DU PETIT NICOLAS (Folio nº 5396)

HISTOIRES INÉDITES DU PETIT NICOLAS, volume 2, 2006, repris en partie dans LE PETIT NICOLAS S'AMUSE (Folio nº 5450), LES BAGARRES DU PETIT NICOLAS (Folio nº 5585) et LE PETIT NICOLAS, C'EST NOËL ! (Folio nº 5649)

LE PETIT NICOLAS, LE BALLON ET AUTRES HISTOIRES INÉDITES, 2009 (Folio nº 5741)

LE PETIT NICOLAS : QU'EST-CE QU'ON ATTEND POUR ÊTRE HEUREUX ?, 2022

LE PETIT NICOLAS : L'INTÉGRALE, volumes 1 et 2, 2022

COLLECTION FOLIO

Dernières parutions

6933. Nelly Alard	*La vie que tu t'étais imaginée*
6934. Sophie Chauveau	*La fabrique des pervers*
6935. Cecil Scott Forester	*L'heureux retour*
6936. Cecil Scott Forester	*Un vaisseau de ligne*
6937. Cecil Scott Forester	*Pavillon haut*
6938. Pam Jenoff	*La parade des enfants perdus*
6939. Maylis de Kerangal	*Ni fleurs ni couronnes* suivi de *Sous la cendre*
6940. Michèle Lesbre	*Rendez-vous à Parme*
6941. Akira Mizubayashi	*Âme brisée*
6942. Arto Paasilinna	*Adam & Eve*
6943. Leïla Slimani	*Le pays des autres*
6944. Zadie Smith	*Indices*
6945. Cesare Pavese	*La plage*
6946. Rabindranath Tagore	*À quatre voix*
6947. Jean de La Fontaine	*Les Amours de Psyché et de Cupidon* précédé d'*Adonis* et du *Songe de Vaux*
6948. Bartabas	*D'un cheval l'autre*
6949. Tonino Benacquista	*Toutes les histoires d'amour ont été racontées, sauf une*
6950. François Cavanna	*Crève, Ducon !*
6951. René Frégni	*Dernier arrêt avant l'automne*
6952. Violaine Huisman	*Rose désert*
6953. Alexandre Labruffe	*Chroniques d'une station-service*
6954. Franck Maubert	*Avec Bacon*
6955. Claire Messud	*Avant le bouleversement du monde*
6956. Olivier Rolin	*Extérieur monde*
6957. Karina Sainz Borgo	*La fille de l'Espagnole*
6958. Julie Wolkenstein	*Et toujours en été*
6959. James Fenimore Cooper	*Le Corsaire Rouge*

6960. Jean-Baptiste Andrea	*Cent millions d'années et un jour*
6961. Nino Haratischwili	*La huitième vie*
6962. Fabrice Humbert	*Le monde n'existe pas*
6963. Karl Ove Knausgaard	*Fin de combat. Mon combat - Livre VI*
6964. Rebecca Lighieri	*Il est des hommes qui se perdront toujours*
6965. Ian McEwan	*Une machine comme moi*
6966. Alexandre Postel	*Un automne de Flaubert*
6967. Anne Serre	*Au cœur d'un été tout en or*
6968. Sylvain Tesson	*La panthère des neiges*
6969. Maurice Leblanc	*Arsène Lupin, gentleman-cambrioleur*
6970. Nathacha Appanah	*Le ciel par-dessus le toit*
6971. Pierre Assouline	*Tu seras un homme, mon fils*
6972. Maylis Besserie	*Le tiers temps*
6973. Marie Darrieussecq	*La mer à l'envers*
6974. Marie Gauthier	*Court vêtue*
6975. Iegor Gran	*Les services compétents*
6976. Patrick Modiano	*Encre sympathique*
6977. Christophe Ono-dit-Biot et Adel Abdessemed	*Nuit espagnole*
6978. Regina Porter	*Ce que l'on sème*
6979. Yasmina Reza	*Anne-Marie la beauté*
6980. Anne Sinclair	*La rafle des notables*
6981. Maurice Leblanc	*Arsène Lupin contre Herlock Sholmès*
6982. George Orwell	*La Ferme des animaux*
6983. Jean-Pierre Siméon	*Petit éloge de la poésie*
6984. Amos Oz	*Ne dis pas la nuit*
6985. Belinda Cannone	*Petit éloge de l'embrassement*
6986. Christian Bobin	*Pierre,*
6987. Claire Castillon	*Marche blanche*
6988. Christelle Dabos	*La Passe-miroir, Livre IV. La tempête des échos*
6989. Hans Fallada	*Le cauchemar*
6990. Pauline Guéna	*18.3. Une année à la PJ*

6991. Anna Hope	*Nos espérances*
6992. Elizabeth Jane Howard	*Étés anglais. La saga des Cazalet I*
6993. J.M.G. Le Clézio	*Alma*
6994. Irène Némirovsky	*L'ennemie*
6995. Marc Pautrel	*L'éternel printemps*
6996. Lucie Rico	*Le chant du poulet sous vide*
6997. Abdourahman A. Waberi	*Pourquoi tu danses quand tu marches ?*
6998. Sei Shônagon	*Choses qui rendent heureux* et autres notes de chevet
6999. Paul Valéry	*L'homme et la coquille* et autres textes
7000. Tracy Chevalier	*La brodeuse de Winchester*
7001. Collectif	*Contes du Chat noir*
7002. Edmond et Jules de Goncourt	*Journal*
7003. Collectif	*À nous la Terre !*
7004. Dave Eggers	*Le moine de Moka*
7005. Alain Finkielkraut	*À la première personne*
7007. C. E. Morgan	*Tous les vivants*
7008. Jean d'Ormesson	*Un hosanna sans fin*
7009. Amos Oz	*Connaître une femme*
7010. Olivia Rosenthal	*Éloge des bâtards*
7011. Collectif	*Écrire Marseille.* 15 grands auteurs célèbrent la cité phocéenne
7012. Fédor Dostoïevski	*Les Nuits blanches*
7013. Marguerite Abouet et Clément Oubrerie	*Aya de Yopougon 5*
7014. Marguerite Abouet et Clément Oubrerie	*Aya de Yopougon 6*
7015. Élisa Shua Dusapin	*Vladivostok Circus*
7016. David Foenkinos	*La famille Martin*
7017. Pierre Jourde	*Pays perdu*
7018. Patrick Lapeyre	*Paula ou personne*
7019. Albane Linÿer	*J'ai des idées pour détruire ton ego*

7020. Marie Nimier — *Le Palais des Orties*
7021. Daniel Pennac — *La loi du rêveur*
7022. Philip Pullman — *La Communauté des esprits. La trilogie de la Poussière II*
7023. Robert Seethaler — *Le Champ*
7024. Jón Kalman Stefánsson — *Lumière d'été, puis vient la nuit*
7025. Gabrielle Filteau-Chiba — *Encabanée*
7026. George Orwell — *Pourquoi j'écris* et autres textes politiques
7027. Ivan Tourguéniev — *Le Journal d'un homme de trop*
7028. Henry Céard — *Une belle journée*
7029. Mohammed Aïssaoui — *Les funambules*
7030. Julian Barnes — *L'homme en rouge*
7031. Gaëlle Bélem — *Un monstre est là, derrière la porte*
7032. Olivier Chantraine — *De beaux restes*
7033. Elena Ferrante — *La vie mensongère des adultes*
7034. Marie-Hélène Lafon — *Histoire du fils*
7035. Marie-Hélène Lafon — *Mo*
7036. Carole Martinez — *Les roses fauves*
7037. Laurine Roux — *Le Sanctuaire*
7038. Dai Sijie — *Les caves du Potala*
7039. Adèle Van Reeth — *La vie ordinaire*
7040. Antoine Wauters — *Nos mères*
7041. Alain — *Connais-toi* et autres fragments
7042. Françoise de Graffigny — *Lettres d'une Péruvienne*
7043. Antoine de Saint-Exupéry — *Lettres à l'inconnue* suivi de *Choix de lettres dessinées*
7044. Pauline Baer de Perignon — *La collection disparue*
7045. Collectif — *Le Cantique des cantiques. L'Ecclésiaste*
7046. Jessie Burton — *Les secrets de ma mère*
7047. Stéphanie Coste — *Le passeur*
7048. Carole Fives — *Térébenthine*

7049. Luc Michel Fouassier — *Les pantoufles*
7050. Franz-Olivier Giesbert — *Dernier été*
7051. Julia Kerninon — *Liv Maria*
7052. Bruno Le Maire — *L'ange et la bête. Mémoires provisoires*
7053. Philippe Sollers — *Légende*
7054. Mamen Sánchez — *La gitane aux yeux bleus*
7055. Jean-Marie Rouart — *La construction d'un coupable.* À paraître
7056. Laurence Sterne — *Voyage sentimental en France et en Italie*
7057. Nicolas de Condorcet — *Conseils à sa fille* et autres textes
7058. Jack Kerouac — *La grande traversée de l'Ouest en bus* et autres textes beat
7059. Albert Camus — *« Cher Monsieur Germain,... »* Lettres et extraits
7060. Philippe Sollers — *Agent secret*
7061. Jacky Durand — *Marguerite*
7062. Gianfranco Calligarich — *Le dernier été en ville*
7063. Iliana Holguín Teodorescu — *Aller avec la chance*
7064. Tommaso Melilli — *L'écume des pâtes*
7065. John Muir — *Un été dans la Sierra*
7066. Patrice Jean — *La poursuite de l'idéal*
7067. Laura Kasischke — *Un oiseau blanc dans le blizzard*
7068. Scholastique Mukasonga — *Kibogo est monté au ciel*
7069. Éric Reinhardt — *Comédies françaises*
7070. Jean Rolin — *Le pont de Bezons*
7071. Jean-Christophe Rufin — *Le flambeur de la Caspienne. Les énigmes d'Aurel le Consul*
7072. Agathe Saint-Maur — *De sel et de fumée*
7073. Leïla Slimani — *Le parfum des fleurs la nuit*
7074. Bénédicte Belpois — *Saint Jacques*
7075. Jean-Philippe Blondel — *Un si petit monde*

7076. Caterina Bonvicini	*Les femmes de*
7077. Olivier Bourdeaut	*Florida*
7078. Anna Burns	*Milkman*
7079. Fabrice Caro	*Broadway*
7080. Cecil Scott Forester	*Le seigneur de la mer. Capitaine Hornblower*
7081. Cecil Scott Forester	*Lord Hornblower. Capitaine Hornblower*
7082. Camille Laurens	*Fille*
7083. Étienne de Montety	*La grande épreuve*
7084. Thomas Snégaroff	*Putzi. Le pianiste d'Hitler*
7085. Gilbert Sinoué	*L'île du Couchant*
7086. Federico García Lorca	*Aube d'été* et autres impressions et paysages
7087. Franz Kafka	*Blumfeld, un célibataire plus très jeune* et autres textes
7088. Georges Navel	*En faisant les foins* et autres travaux
7089. Robert Louis Stevenson	*Voyage avec un âne dans les Cévennes*
7090. H. G. Wells	*L'Homme invisible*
7091. Simone de Beauvoir	*La longue marche*
7092. Tahar Ben Jelloun	*Le miel et l'amertume*
7093. Shane Haddad	*Toni tout court*
7094. Jean Hatzfeld	*Là où tout se tait*
7095. Nathalie Kuperman	*On était des poissons*
7096. Hervé Le Tellier	*L'anomalie*
7097. Pascal Quignard	*L'homme aux trois lettres*
7098. Marie Sizun	*La maison de Bretagne*
7099. Bruno de Stabenrath	*L'ami impossible. Une jeunesse avec Xavier Dupont de Ligonnès*
7100. Pajtim Statovci	*La traversée*
7101. Graham Swift	*Le grand jeu*
7102. Charles Dickens	*L'Ami commun*
7103. Pierric Bailly	*Le roman de Jim*
7104. François Bégaudeau	*Un enlèvement*

7105. Rachel Cusk — *Contour. Contour – Transit – Kudos*
7106. Éric Fottorino — *Marina A*
7107. Roy Jacobsen — *Les yeux du Rigel*
7108. Maria Pourchet — *Avancer*
7109. Sylvain Prudhomme — *Les orages*
7110. Ruta Sepetys — *Hôtel Castellana*
7111. Delphine de Vigan — *Les enfants sont rois*
7112. Ocean Vuong — *Un bref instant de splendeur*
7113. Huysmans — *À Rebours*
7114. Abigail Assor — *Aussi riche que le roi*
7115. Aurélien Bellanger — *Téléréalité*
7116. Emmanuel Carrère — *Yoga*
7117. Thierry Laget — *Proust, prix Goncourt. Une émeute littéraire*
7118. Marie NDiaye — *La vengeance m'appartient*
7119. Pierre Nora — *Jeunesse*
7120. Julie Otsuka — *Certaines n'avaient jamais vu la mer*
7121. Yasmina Reza — *Serge*
7122. Zadie Smith — *Grand Union*
7123. Chantal Thomas — *De sable et de neige*
7124. Pef — *Petit éloge de l'aéroplane*
7125. Grégoire Polet — *Petit éloge de la Belgique*
7126. Collectif — *Proust-Monde. Quand les écrivains étrangers lisent Proust*
7127. Victor Hugo — *Carnets d'amour à Juliette Drouet*
7128. Blaise Cendrars — *Trop c'est trop*
7129. Jonathan Coe — *Mr Wilder et moi*
7130. Jean-Paul Didierlaurent — *Malamute*
7131. Shilpi Somaya Gowda — *« La famille »*
7132. Elizabeth Jane Howard — *À rude épreuve. La saga des Cazalet II*
7133. Hédi Kaddour — *La nuit des orateurs*
7134. Jean-Marie Laclavetine — *La vie des morts*
7135. Camille Laurens — *La trilogie des mots*

7136.	J.M.G. Le Clézio	*Le flot de la poésie continuera de couler*
7137.	Ryoko Sekiguchi	*961 heures à Beyrouth (et 321 plats qui les accompagnent)*
7138.	Patti Smith	*L'année du singe*
7139.	George R. Stewart	*La Terre demeure*
7140.	Mario Vargas Llosa	*L'appel de la tribu*
7141.	Louis Guilloux	*O.K., Joe !*
7142.	Virginia Woolf	*Flush*
7143.	Sénèque	*Tragédies complètes*
7144.	François Garde	*Roi par effraction*
7145.	Dominique Bona	*Divine Jacqueline*
7146.	Collectif	*SOS Méditerranée*
7147.	Régis Debray	*D'un siècle l'autre*
7148.	Erri De Luca	*Impossible*
7149.	Philippe Labro	*J'irais nager dans plus de rivières*
7150.	Mathieu Lindon	*Hervelino*
7151.	Amos Oz	*Les terres du chacal*
7152.	Philip Roth	*Les faits. Autobiographie d'un romancier*
7153.	Roberto Saviano	*Le contraire de la mort*
7154.	Kerwin Spire	*Monsieur Romain Gary. Consul général de France*
7155.	Graham Swift	*La dernière tournée*
7156.	Ferdinand von Schirach	*Sanction*
7157.	Sempé	*Garder le cap*
7158.	Rabindranath Tagore	*Par les nuées de Shrâvana* et autres poèmes
7159.	Urabe Kenkô et Kamo no Chômei	*Cahiers de l'ermitage*
7160.	David Foenkinos	*Numéro deux*
7161.	Geneviève Damas	*Bluebird*
7162.	Josephine Hart	*Dangereuse*
7163.	Lilia Hassaine	*Soleil amer*
7164.	Hervé Le Tellier	*Moi et François Mitterrand*
7165.	Ludmila Oulitskaïa	*Ce n'était que la peste*
7166.	Daniel Pennac	*Le cas Malaussène I Ils m'ont menti*
7167.	Giuseppe Santoliquido	*L'été sans retour*

7168. Isabelle Sorente	*La femme et l'oiseau*
7169. Jón Kalman Stefánsson	*Ton absence n'est que ténèbres*
7170. Delphine de Vigan	*Jours sans faim*
7171. Ralph Waldo Emerson	*La Nature*
7172. Henry David Thoreau	*Sept jours sur le fleuve*
7173. Honoré de Balzac	*Pierrette*
7174. Karen Blixen	*Ehrengarde*
7175. Paul Éluard	*L'amour la poésie*
7176. Franz Kafka	*Lettre au père*
7177. Jules Verne	*Le Rayon vert*
7178. George Eliot	*Silas Marner. Le tisserand de Raveloe*
7179. Gerbrand Bakker	*Parce que les fleurs sont blanches*
7180. Christophe Boltanski	*Les vies de Jacob*
7181. Benoît Duteurtre	*Ma vie extraordinaire*
7182. Akwaeke Emezi	*Eau douce*
7183. Kazuo Ishiguro	*Klara et le Soleil*
7184. Nadeije Laneyrie-Dagen	*L'étoile brisée*
7185. Karine Tuil	*La décision*
7186. Bernhard Schlink	*Couleurs de l'adieu*
7187. Gabrielle Filteau-Chiba	*Sauvagines*
7188. Antoine Wauters	*Mahmoud ou la montée des eaux*
7189. Guillaume Aubin	*L'arbre de colère*
7190. Isabelle Aupy	*L'homme qui n'aimait plus les chats*
7191. Jean-Baptiste Del Amo	*Le fils de l'homme*
7192. Astrid Eliard	*Les bourgeoises*
7193. Camille Goudeau	*Les chats éraflés*
7194. Alexis Jenni	*La beauté dure toujours*
7195. Edgar Morin	*Réveillons-nous !*
7196. Marie Richeux	*Sages femmes*
7197. Kawai Strong Washburn	*Au temps des requins et des sauveurs*
7198. Christèle Wurmser	*Même les anges*
7199. Alix de Saint-André	*57 rue de Babylone, Paris 7*[e]
7200. Nathacha Appanah	*Rien ne t'appartient*

*Tous les papiers utilisés pour les ouvrages
des collections Folio sont certifiés
et proviennent de forêts gérées durablement.*

*Composition Nord Compo
Impression Pollina à Luçon - 49073
le 06 février 2024
Dépôt légal : février 2024
1er dépôt légal dans la collection : novembre 2023*

ISBN 978-2-07-304025-1 / Imprimé en France

634448